Jung Sook

시인 정숙

바람다비제祭

시인 정 숙

경산 자인 출생
경북대 국문학과 졸업
1991년『시와시학』으로 등단
시집『신처용가』『위기의 꽃』『불의 눈빛』『영상시집』등이 있음
현재 대구문학아카데미 '현대시 창작반' 강의
인터넷 포엠토피아 '포엠스쿨 정 숙반' 강의

E-mail: jungsook48@hanmail.net
http://poetjs48.ivyro.net

바람다비제祭

지은이 | 정 숙
펴낸이 | 설보혜
펴낸곳 | Poetics 시학
1판1쇄 | 2009년 10월 30일
출판등록 | 2003년 4월 3일
주소 | 서울 종로구 명륜동1가 42
전화 | 744-0110
FAX | 3672-2674

값 8,000원

ISBN 978-89-91914-72-8 03810

정 숙[처용 아내] 시집

바람다비제祭

시학
Poetics

■ 시인의 말

세상의 얼음 송곳날 하나 오늘도 또 내 심장을 겨누고 있다.

2009년 10월
정 숙

차 례

■ 시인의 말
■ 작품 해설 | 이가림

제1부 바람제

바람제祭 15
폭풍의 언덕 16
풍차 17
학은 함부로 울지 않는다 18
샐비어스카프 19
갈대 소네트 20
구름도, 바람도 유언을 하는가 21
호수 안 바람의 집에 깃들다 22
에스컬레이터를 노래함 23
탁목조啄木鳥 24
단풍잎 실핏줄만 허공에 발그레하다 25
갈대를 위하여 26
유리꽃병 27
너, 지금 어디서 깃발 흔들고 있는가 28
모래시계 29

제2부 자화상

자화상 소묘 33
시인은, 시인은 34
바람다비 35
절정과 암전 사이 36
중심을 비우면 37
자비보시慈悲普施 38
바람엔 등뼈가 없다 39
초경, 들장미 피어나던 날 40
어느 해넘이 · 1 41
등대지기 42
첫 남자 43
암각화 44
코브라 45
이 밤중, 누가 드릴로 세상어둠을 뚫고 있는가 46
억새 춤사위 47
난타, 북풍 48

제3부 허무새 카바티나

거친 바다, 누구 삶의 돛이었던가 51
봄바람을 위한 소네트 52
통, 통, 술통, 젓통 공장장은 지금 53
기둥서방을 위한 발라드 54
풍장, 저 정든 미라 55
누드모델을 위해 56
허무새를 위한 카바티나 57
바람귀신을 위한 산조 58
처용, 어느 33대손을 위하여 59
바람다듬이질 소리 60
거미줄시어 포충망 61
바람이 전하는 말 62
바람 난전 뱃머리에서 63
바람의 풀무질에 64
벙어리공주는 65
달빛 모래성을 쌓다 66
바람 랩소디 인 블루 67
바람 바다를 서서 걷는 남자 68
처용여자 69

핵폭풍 불다 70
불의 심판 71
선풍기랩소디 72

제4부 하모니카 살구꽃

만추 엘레지 75
바람이 햇빛 한 단을 내려놓는다 76
나팔꽃 77
몸 바뀐 사람들 78
어느 젓가락 장단을 위하여 79
바람의 살꽂이와 80
밥그릇을 위해 물구나무서다 81
타조풍으로 82
장미, 날개 파닥이다 83
백지, 흰 어둠을 받쳐 들다 84
고사목을 노래함 85
저 눈발은 왜 강물로 뛰어드는가 86
엘리베이터 사랑 87

세상, 참 캄캄한 불행이여 88
21세기 유비쿼터스 남자 89
연꽃길 찾아서 90
흰 소의 울음징채를 찾아 91

제1부

바람제祭

바람제祭

누가 터뜨리고 있는가 바람과 불빛으로 한평생 낡은
내 한 벌 부대자루 속의 숨은 혈관을

폭풍의 언덕

그 고열 얼마나 더 견뎌야
한 점 불빛으로 살아남을 수 있겠는가

저 하늘과 땅의 입시울들이 쏟아내는
슬픔의 불화살들을 보아라

풍차

빼거덕빼거덕 버리고 싶은 제 삶의 낡은 유산들을
시절 없이 돌리고 있다

학은 함부로 울지 않는다

밤 내내 제 깃털에서 뽑아내는 실로 하늘울음 깁고 있을지언정

샐비어스카프

노을 지는 하늘에 누가 실바람 꿴 햇살바늘로 첫 서답 빛 꽃무늬를 수놓고 있느냐

갈대 소네트

껍질뿐인 한 생애였다며 해-껏* 지치고 젖은 내 마음의 흰 뼈, 늦가을 까치놀**에 말리고 있구나

* 해가 질 때까지.

** 멀리 석양빛을 받아 수평선에 희번덕거리는 노을.

구름도, 바람도 유언을 하는가

쉼 없이 부풀리던 제 욕망날개 태양 가까이서 녹여 촛농으로 지게 하는 걸 보면

호수 안 바람의 집에 깃들다

근엄하게 낚싯줄 드리우는 사람과 숨바꼭질하는 물고기, 잡고 잡히는 세상사에 갈바람이 넋을 잃고 물부레부들 그늘 속에 쉬고 있다

에스컬레이터를 노래함

노를 멈추면 당장 밥그릇이 고픈

나룻배,

21세기 바람닻줄에 멱살 잡힌 저 여자

탁목조啄木鳥

또드락 똑똑, 아직도 길 찾지 못했는가

삶의 그림자 그늘에 매달린 저 딱따구리, 제 몸 적시는 땅거미 그물 벗어나지 못해 밤새 하늘문 쪼고 있는 걸 보면

단풍잎 실핏줄만 허공에 발그레하다

갯바람의 그림자 품에 안고 파드락이는 단풍잎 그 생목숨의 껍질에 희미하게 남은 여름 격정의 울음소리를 누가 눈물 없이 삼키고 있는가

갈대를 위하여

질기고도 약한 숨줄 고르느라
지친 날개의 뼛조각들
얼마나 더 잘 말려야
비워 버린 그 몸속 길이
바람이 된 영가의 흐느낌이
숨결 깊은 피리 소리로 거듭
태어날 수 있을까

유리꽃병

올곧은 꿈의 꽃줄기만 담기 고집하고 있어 온 전신이 투명해 보일 수밖에 없는

사철 장맛비 흐르는

제 고집의 유리 수갑에 손목 묶인 채 하 세월 성냥개비만 만지작거리며 낡아가고 있는

너, 지금 어디서 깃발 흔들고 있는가

쿵더쿵쿵더쿵 밤보리쌀 디딜방아 찧는 소리, 까칠한 속곳 벗기는 소리, 그 소리가 열 남매 꽃 피우고 다시 새잎 틔우던 시절 그 아지매 너는

모래시계

비워도 비워지지 않는
채워도 채워지지 않는

깊디깊은 제 몸웅덩이 뒤적이며 시간의 연분홍 속살 씹느라 바람세월 다 날려 보내는

모래알 저 여자

제2부

자화상

자화상 소묘

여직 하늘만 바라보고 있는가

씨앗들 여물기도 전 이 빠져 성글어지고 있는
해바라기 저 여자

눈 몇 번 깜빡이면 그만인 한 생, 쉴 새 없이 자라는
잡념의 뿌리 유리병 감옥에 가둔 채

그런다고 누가 진주 목걸이를 걸어 주는가

시인은, 시인은

가슴에 비바람 내리치는 날이어도, 스스로의 가냘픈 그 더듬이에라도 앉아 전을 펴

여린 생명의 흐느끼는 소리에 귀 기울여야 하지 않겠는가

바람다비
— 숭례문 진혼곡

너!

너, 미친바람!

어느 불지옥에서 온 마구니인가?

기어이 우리의 자존심 분신시켜 그 뼛조각 뒤적여야
하는가

절정과 암전 사이

넌 무슨 구원을 빌고 있는가

무심의 한 순간, 수컷사마귀 제 모가지 씹혀 암컷에게 한 끼 만찬이 되는 순간에도 교미를 멈출 수 없는

저, 죽음 직전!

중심을 비우면

시간의 꽃도 제 단단한 심장 한가운데를 비워 두고
사는가

갈대가 바람수염으로 생의 여백에
대들보 하나 세우도록
수련이 햇살이슬 박음질하여
빛 경전經典 세상 한 마당 펼칠 수 있도록

자비보시慈悲普施

버린다, 버린다 말만 하다가 바람의 무심천에서 마지막 살 한 점까지 미련 없이 다 세상에 베풀고 돌아가는 길

바람엔 등뼈가 없다

그래서 바람이 숲을 울리며 쓰러뜨리기도 하지만 내
시혓바닥만은 밟힌 꽃심의 상처 찾아 어루만져 줄 수
있도록 뼈대 센 눈썰미가 있어야겠지

초경, 들장미 피어나던 날

열네 살 적 사월 눈부신 햇살 아래서 비눗방울을 불고 놀았지요 종일 무지개 따라다니다가 그 비눗방울의 동그라미에 그만 갇히고 말았어요

해는 뉘엿뉘엿하는데 아랫도리 뜨끈뜨끈 진홍빛 꽃잎꽃잎 피어나면서 가시도 삐죽삐죽 돋아나더니

난 탱자가시 울타리 밑에 웅크리고 앉아 훌쩍이고만 있었는데

냇물 건너 노을 지는 하늘이 내 그림자를 저보다 더 진하게 물들이고 있었어요

어느 해넘이 · 1

하늘과 바다, 저 경계선 수평하늘 얼마큼 태우고 깨트려야 몸사리 몇 알 남기고 갈 수 있겠는가

어느 시인의
늦깎이 데뷔는

등대지기

하느님이신지

부처님이신지

이 세상 어둠바다 홀로 지키는
저 등 굽은 이는

첫 남자

여자는 향기도 가시도 함께 지녀야 한다며 찔레꽃울타리 둘러놓고 헝클어진 내 생을 참빗질해 주시던

내 태초의 첫 남자
아버지

당신, 내 눈길 벗어나지 못해 지금껏 기억의 어느 끄트머리에 매달려 물먹은 별* 반짝이고 있는가

* 정지용의 「유리창」에서 눈물을 뜻함.

암각화

바람내장 안 누드로 숨어 있는 암각화의 아우성까지 귀담아 잘 들어내야 하는가, 시인이란

꽃무늬 속 빛그늘 찾느라 시간속살까지 호르르 벗겨 보아야만 하는가

코브라

누가 사람사막을 건너고 있는가

지금 사하라사막에 홀로 걷는 저 목숨고독, 새파랗게 벼린 피리 소리의 절대고독을 홀로 듣고 있는가

세상바람의 적 위협하려 긴 혓바람으로 작고 매서운 눈알이 불꽃 내쏘고 있는데 발 구르고 박수 치며 바람의 춤을 춘다고 얼버무려 넘어갈 것인가

이 밤중, 누가 드릴로 세상어둠을 뚫고 있는가

능구렁이 한 마리 내장 뒤틀려 요동친다 위층에서 맨벽에 구멍 뚫느라고 드릴이 오장칠부 뒤집으며 남의 빈 몸속 벽 파고들어 온다

숨길 하나 열어 길 내기가 그리 수월하겠는가

삼십 년 세상 감옥살이에서 그럭저럭 사는 길은 이미 잘 나 있는데

다시 목숨의 새 길 내려고 자신에게 맞춤의 길, 벽 뚫느라 온 집안 대들보 뒤흔들고 있는가

억새 춤사위

하얀 서리 머리에 이고지고
몰려오는 생生의 파도 위에서 혼자
외줄타기 하고 있는가
악몽에서 깨어나려 퍼덕거리지만
바람은 그 질긴 업연의 손 놓아주지 않는다
오히려 청양고추바람* 불러
깨춤을 추고 있다

---

* 맵고 독하게 부는 바람.

난타, 북풍

겨울밤 창문에 제 숟가락과 송곳니를 부딪치고 있는
저 바람 호랑이 떼들 새로 뿔이 돋아나 있는가

힘 있는 것들은 서로 자신의 어금니성벽 무너뜨리지
않으려 한밤 내 엉겨붙어 싸우고 있는가

제3부

허무새 카바티나

거친 바다, 누구 삶의 돛이었던가

제 지붕 밑 숟가락 젓가락의 달그락달그락 소리를 위해 세찬 세상바다 파도 헤치는 그의 돛대, 시시로 흔들어 재끼는 높새바람 사납다

그 바람막이가 되어 주느라 어부의 닻이고 돛이었던 여자, 제 몸 다 낡아 버려지는 줄 모르고 허공바다 물질하러 뛰어드는가

바람에 밀려나면 또 뛰어드는 그녀의 늙은 고무신 한 짝이 정박 당한 낡은 어선에 부딪쳐 다시 밀려왔다 간다

봄바람을 위한 소네트

어제 묻지 마! 관광버스에서 불어온 봄바람 춤바람 아직도 살랑살랑 품고 싶은지 두 가랑이 틈에 숨어 있는 바람언덕, 꽃잎 페달을 밟지 않아도 육박자 지르박으로 세상춤판 잘도 돌아간다

통, 통, 술통, 젖통 공장장은 지금

아지랑이 속 거미줄에 아가 울음소리 새싹으로 걸어두기도 하면서 난질 든* 저, 여자

세월파도에 씻기며 제 살 깎이느라 마지막 젖통도 씨앗통도 다 빼겨 버리고 훌훌 몸세상 털어대고 있는가

흔들리는 바람명줄 타고 앉아 통통, 슬픔의 술통 빚으면서

* 바람 든.

기둥서방을 위한 발라드

오십 평생 밧줄을 타고 고층빌딩 창유리 닦아 주느라 한 번도 생의 중심이 되지 못했던 그 여자,

늘 새로 피어나는 꽃잎 주전부리나 일삼는 그 노가다 사내가 자신의 기둥이라며

그의 녹슨 숟가락길 닦기 위해 안차게* 목숨밧줄 타야 한다며 오늘도 허공 사다리 천둥지둥 밟아 오르고 있다

---

* 겁 없이 야무지게.

풍장, 저 정든 미라

살 비린내 살랑이는 난바닷바람에 아직도 제 몸통 다 비우지 못했는가

몰래 갈비뼈 속에 숨겨둔 서동서방을 한 번이라도 더 만나 보고 싶은지

죽어서도 썩지 않는 어금니 내보이며 고장나 버린 배꼽시계만 돌리고 있다

누드모델을 위해

살기 위해서라며 젖은 옷가지들 모두 벗어 바지랑대에 넌다

바람에 뼈마디 꺾는 소리 우둑 우두둑 맨몸을 건네며

저기 구부정히 서 있는
늦가을 돌단풍나무

허무새를 위한 카바티나*

무엇에 쫓겨
늘 허기진 제 밥통 하나 돌보지 못했던가

분명 제 자신의 하늘인 그 속
몰래 무단 점령한 가시독풀 뿌리 뽑기보다
한 마리 허무새 되어 날고 싶었던가

사십 고갯마루 갓 넘어가던 한 목숨이
한 마리 바람새로 흩날려 가고 있다

* 오페라, 때로는 칸타타와 기악음악에 나타나는 음악형식.

바람귀신을 위한 산조

— 하기사 죄가 많기는 많지예 벙어리도 아니면서 벙어리 삼 년 귀머거리도 아니면서 다시 귀머거리 석삼 년 조상을 속인 죄 이년 죽어 마땅합니더 천만 죄송, 죄송할 뿐입니더

조상 제사 밥그릇 사시사철 모시느라 삼십 년 청춘을 쏟아 부은 저 여자, 뭔 죄 그리 많기에 바람귀신들에게 조리돌림*당하고 있나

누리끼리 헤풀어진 삼베 상주 옷 쥐어뜯긴 머리채 흩날리며 허둥허둥 빨랫줄에서 온몸 난타당하고 있나

산 조상들 입술까지 같이 봉제사 극진히 모시느라 저리 헛손질인가

---

* 죄지은 사람을 끌고 다니며 망신을 시키는 벌.

처용, 어느 33대손을 위하여

세상 밝히려면 대들보 하나 튼튼하게 세워 꽃씨를 잡초보다 많이 뿌려야 한다더니 그 단단한 청석 뚫으며 아무 땅이나 파 대던 굴삭기, 저 남정네 제 집 한 채는 고사하고

달맞이꽃 한 송이 피우지 못한 채 어느 바람 센 공터에서 새우잠 달래고 있는가 작업복 빈 바짓가랑이만 억센 바람손아귀에 붙잡혀 빈 하늘에 버둥버둥대면서

바람다듬이질 소리

시집살이 삼십 년에 바람구멍 숭숭 다 뚫린 저 여자

허파, 간, 쓸개 몽창 빼내어 주고 온갖 잔소리의 통북어들 한데 모아 쿵닥 쿵다닥,

제 가슴 다듬잇방망이질하고 있는가, 이 한밤중에

거미줄시어 포충망

한여름 말매미 울음소리 바람 소리와 어울려
얼기설기 마음허공에 거미줄 치고 있다

포획된 시의 애벌레 몇 마리 날개 달아, 날게 해 달라며 신명나게 열명길 왜장치고 있다

바람이 전하는 말

탈탈 털어 주세요 한평생

목숨 부지하는 일 자체가 육체의 길, 죄의 길이지만

전신에 묻어 있는 살 냄새 피 냄새 탁, 탁, 털어내며
온몸 묵은 때 말끔히 씻어낼 수 있다면

저 여린 나무 아기 잎새들의 울부짖음 없이
아무 목숨 자국 내지 않고 날아갈 수만 있다면

바람 난전 뱃머리에서

큰 장 난전 바다 뱃머리에 서서 '골라! 골라!' 옷가지에 맨얼굴 숨기고 손바닥 발바닥으로 장단 맞추며 손뼉 치며 새벽시장 구르는 이른 바람 타이른다

막걸리 한잔이 곧 인정이고 의리라고 믿고 또 믿는 오륙도 남편은 다시 누군가에게 인생 빚보증이나 서고 있지 않은지

바람의 풀무질에

질긴 목숨의 어물전에서 살아 퍼덕거려도, 썩어 있어도 비린내는 마찬가지

그 바람 속 육신바라밀 곧 허물어질지라도 밤새 물거품만 난바다에서 철썩이고 있다

생의 사구에 모래 한 알이 된 저 여자

벙어리공주는

낯선 시집살이 낡은 수막새 기왓장에 눌려 가슴 무현금만 뜯던 그 여자 언제부턴가 전생의 말들이 두런두런 살아나기 시작했다

지금 그 말의 나비 떼 하늘하늘 날갯짓하면서 이승의 꿈하늘 훨훨 날아오른다

흔적 없이 흩어지는 물거품 생의 구비마다 고달픈 바람 날개 달아 주면서

달빛 모래성을 쌓다

1

아닌 밤 해운대 달빛파도 팔짱 끼고 해변을 걷고 있는 저 남녀, 미완의 사랑 다시 시작하려고 안개 바다 속 서성이고 있는가

2

뜨거이 주고받는 입김이 달빛목금을 연주하는 밤 바람젖가슴 밀쳤다가 다시 움츠렸다 살며시 당기고 또 놓아주기도 하면서

3

어차피 해 뜨면 거품 물보라로 모두가 사그라진다는 것, 그걸 알면서 이 밤 또 하릴없이 바람모래성만 쌓고 있는가

바람 랩소디 인 블루

저 바람의 넋들은 속이 텅텅 비어

그 빈 속 들키지 않기 위해 저리 허풍 떨고, 꼬리를 휘휘 돌리며 휘파람 불고 있을 것이다

삶에 무슨 미련 그리 많이 남아 있냐고 바람바람, 호통치고 있을 것이다

바람 바다를 서서 걷는 남자

너, 무슨 업業이 그리 많으냐 모래사막을 건너려면 모자챙이 넓어야 하는데 그 챙의 넓이에 여러 목숨 달려 있는데

너만 잠시 쉬어 갈 세상 의자는 어디에도 없다 단지 서서 걸어가야만 하리

말이 있어도 끝내 타지는 못하리 그 자리에 그냥 서서 가장은 한평생을 끌고 가야만 하리

그 뒤를 줄줄이 어린 낙타 한 마리씩 타고 마파람에 불려오는 가솔들, 그들 남루를 이끌고 오늘 밤 안으로

오아시스를 찾아야만 한다 모래폭풍이 또다시 휩쓸어 오기 전에

처용여자

파도 잠재운다는 핑계로 오히려 더 거세게 허허바다
출렁이며 바위에 깨지다가 방파제에 부딪혀 피를 쏟는

제 몸 추스르지 못해 몸부림치다가 끝내 물거품이
되어 버리고 마는

속곳 바람 저 미친 불길의 여자

핵폭풍 불다

페르몬 향엔 죽는 줄도 모르고 끌려드는
저 생의 전사들

대낮부터 붉은 커튼 열어젖히고 벌레 먹은 장미 꽃
봉오리 음핵의 간지러움 연구한다더니 딴엔 우라늄보
다 더 강력하다는 불씨주머니 내세워

그 실없는 장난이 지금 여러 숟가락 손 놓게 하는데
아직도 제 허세콧대 내세우느라
지구에 해 저무는 줄 모르는구나

불의 심판

불. 알이란
불의 알, 불의 씨앗
그렇다면 불씨가 된단 말인가

한 집안에서 불씨 꺼뜨리면 여자는 가차없이 보따리 싸야 했다는데 씨받이 몇씩 들여대기도 했다는데

검은 비닐 봉다리는 여성의 가장 비밀스런 몸꽃입술, 고추 씨앗이 싹 틔워 불씨 살려 이어져 내려갈 남정네들의 고달픈 성지순례길

이 불두덩이가 자정의 지구 돌리면서
사느냐, 죽느냐 불의 심판을 받고 있다

선풍기랩소디

어느 꽃잎살결 보드라이 안고 있을 바람 끝은 어디메더뇨 어린 바람의 왕자가 장미가시에 물 뿌리고 있을 그 먼 사막은 또 어디던가

따지며 어르고 보챈다 성내고 윽박지르기도 하면서 날파람 속바람 길들이느라 허덕허덕

바람의 오르가슴을 향해
온몸 허리 엉덩이 돌리고, 달려가고 있다

제4부

하모니카 살구꽃

만추 엘레지

대낮인데도 온 세상 캄캄 동굴 속이다

누가 바람군단 길 막고 서서 버티는가

가을 굵은 빗방울이 가랑잎을 밟으며 점령하는…

밟히는 건 이미 핏줄 말라 버린 내 탐욕의 잔해들

바람이 햇빛 한 단을 내려놓는다

연푸른 햇잎이 돋아나고 꽃을 피워야 할 때는 짜그락짜그락 수저 부딪치는 소리가 햇살이고 곧 날개였다

이제 그 날개 잃은 할머니, 누더기에 작은 괴나리봇짐 하나 지고 나의 살던 고향을 하모니카 살구꽃으로 찾아간다

혜화역 4번 출구 지하도

또르륵 똑똑 빈 깡통 굴리는 동전 소리에 한 생애가 시든 개살구빛으로 저물어 간다

나팔꽃

십일월, 때늦어 싹트고 보니 어느새 찬바람이 분다 이미 식어 버린 햇볕의 열정, 줄기 뻗어 그늘 넓힐 욕심 보다 볼품없어도 서둘러 꽃잎부터 피운다

그 나팔 소리 하도 가늘어 행여 서릿바람 든 어느 누구의 가슴을 울릴 수 있을 것인가

몸 바뀐 사람들
— 어느 부부 · 1

청둥오리 숯불구이 집에서 석쇠는 숯불 위에서 고기는 석쇠 위에서 서로 몸 바꾸면서 불길 따라 거품바람을 내쉰다

그 거친 입김과 숨결, 닥트의 연기통은 그 바람 폭풍을 다 받아 마신다 지글지글 익는 냄새에 취할 여가도 없이 두 발 동동구르며

그래도 서로의 눈망울 속엔 고추잠자리가 가을바람의 살결 매만지면서 날고 있다 참숯에 달구어진 불콰한 가을하늘 거울 속으로

어느 젓가락 장단을 위하여
— 어느 부부 · 2

밥상에 놓인 깍두기를 집을까 말까 오직 별일 아닌 문젯거리에만 좀팽이처럼 골몰하면서 이승 밭고랑을 매고 있는

그러면서도 먼저 떠나보내고 나면 홀로 남아 뼛골의 그림자까지 욱신욱신 시려 올 어느 부부, 아직도 몸집 몸길이 맞추느라 삐거덕거리는가

바람의 살꽃이와
— 어느 부부 · 3

한 계절에 밀려나고 있는 단풍잎들 구름허공 위에서 늦바람과 살과 피 뼈 섞느라 요분질 비명 소리 자지러 진다

그 울음소리 하늘 창유리에 부딪치면서 그늘진 자리 찾아 살송곳 날 올올이 일으켜 세우고 있다

밥그릇을 위해 물구나무서다

제 뿌리 헐벗는 줄 모르고 하늘하늘 키만 키우는 대나무들 고집 틈에 거꾸로 매달려 가랑이 찢어지도록 흔들건들거리는

어머니, 아버지

당신 울타리 넘어질까 봐 애면글면, 그 비바람 멎어 달라며 댓잎 피리로 모내기철 초사흘 달빛치성 드리고 있다

타조풍으로

날개가 있다고 다 날 수 있는 건 아니다
또 날개가 없다고 날지 못하는 것도 아니다

날개가 있다는 것은 날아오를 수 있다는 뜻이지만
동시에 급전직하하여 더 비참하게 추락할 수도 있다는
것 아닌가

그래도 끝내 날아갈 수 없어서

하루하루 그 슬픔의 무게가 목을 점점 더 길게 늘여
가고 있는 저 지상의 사람들을 보아라

날 수 있다고 하늘이 더 가까워지는 것은 아니리라

장미, 날개 파닥이다

핏발 세운 저 가시는 날개의 뼈대가 아닌가

가느다랗게 남은 날갯죽지, 그 기도 얼마나 간절했기에 깃털들 저리 깔쌈하게 돋아난 것인가

이미 오월바람과 눈맞아 진홍빛 깃털 활짝 펴고 날아다니느라 아침부터 생글거리는 표정 심상찮다

백지, 흰 어둠을 받쳐 들다

왜 이리 무거운가
티 없이 맑은 이 한 목숨하늘이

잠 못 드는 밤 A4 용지 한 장에 동공 빛을 모으면 희디흰 뼈와 뼈 틈서리가 차츰 열리면서 검은 그늘이 보이기 시작한다

찢기고 짓이겨지는 고단한 한 생의 비명이 어둠 속에서 어둠을 밟고 다가온다 저 하얀 눈부심 아래 얼마나 많은 눈빛이 젖어 빛나고 있는가

젖은 그 무게 때문에 세상 그림자 하늘이 저리도 어두운가 어둡다 못해 오히려 희게 보이는가

그 흰 그림자의 뼈마디가 저 어둔 눈빛 위에서
연꽃을 피워 올리는가

고사목을 노래함

고사당하도록 제 등허리 파먹는 재선충 장수하늘소 애벌레, 그들은 소나무 자신이 겨우내 보듬었던 품속에서 우화했다는 그 사실 뻔히 알면서도 늙은 바람에게, 또 벌레들에게 다시 마지막 몸집까지 내어 준다

저 눈발은 왜 강물로 뛰어드는가

뭔가 깨달은 것 있어 강물로 뛰어드는가

저 높은 자리에서 근엄하게 위엄의 빛 뿌릴 수도 있을 텐데

목마른 이의 물 한 모금이라도 되어 보시하며 사라지려는가

천년이 지나도
돌부처는 제 모습 다 지워 버리지 못하는데

엘리베이터 사랑

— 할아버지와 손자, 상사와 부하 직원, 시어머니와 며느리

누가 빈 허공 바닷물을 되질하고 있는가

스승과 학생
서로 지켜야 할 수직의 위엄
층계 따라 육신의 무게 더 싣거나
욕망의 짐 덜어 내리기도 하면서

적절한 관계 끊어지지 않도록 애정의 수하물 싣고
오늘도 끝없는 상승과 하강을 되풀이한다

세상, 참 캄캄한 불행이여
— 유조선에게

맛조개, 키조개, 피조개 해초들의 낙원에서 잘 타고 있는 생명의 숨결 꺼 버리는 검은 불기름도 있남유?

태안 앞바다
그래서 눈알 빠졌나유?
왜 이리 세상 캄캄한 거지유?

21세기 유비쿼터스* 남자

누드 첼리스트, 나탈리 망세
그녀의 허벅지계곡에 갇혀
부르르 부르르 떨고 있는
저 악기
등뼈 무너뜨리는 그 전율이 지금
쌀밥꽃 고봉으로 허옇게 피어나고 있는가?

* ubiquitous, 어디에나 있는.

연꽃길 찾아서

처마 끝 고드름이 하늘과 험한 세상을 잇는 다리가 되길 발원하며, 상구보리上求菩提* 하화중생下化衆生**을 위해 산목숨의 죗값인 삼독三毒 삼착三捉의 결정체를 모두 녹여 내린다

* 보살이 깨달음을 얻기 위해 보리의 지혜를 구하고 닦는 일.

** 보살이 중생을 교화하여 제도하는 일.

흰 소의 울음징채를 찾아

딸아, 네 몸도 마음도 다 징이니라

한 번 울 때마다 둔탁한 쉰 소리지만 그 날갯죽지엔 잠든 귀신도 깨울 수 있는 울림의 흰 그늘이 서려 있단다

살다 보면 수많은 징채들이 네 가슴 두드릴 것이니 봄눈 이기려는 매화 매운 향이 낙엽까지 휩쓸어 가려는 높새바람의 춤이 한파를 못 견디는 설해목의 목 꺾는 울음소리가

이 모든 바람의 징채들이 너를 칠 것이나
그렇다고 자주 울어서는 안 되느니라
참고 웃다가 정말로 가슴이 미어질 때
그럴 때만 울어라, 울고 울어
네 흐느낌 슬픔의 밑뿌리까지 적시도록
징채의 무게 탓하지 말고
네 떨림의 소리그늘이 은은히 퍼져나가도록

눈 내리는 이 밤, 아버지
그 말씀의 거북징채가 새삼 저를 울리고 있습니다

삶의 시련과 고통의 연금술
— 정 숙의 '살풀이 시학'

이 가 림

(시인 · 인하대 명예교수)

오늘을 사는 '처용 아내' 임을 자처하며, 명함도 '처용 아내 정 숙' 이라 표기한 것을 당당히 건네주는 정 숙 시인의 모습에서 우리는 그녀가 시 쓰기의 행위와 삶을 따로따로 떼어놓지 않으려는 의지를 지니고 있음을 엿보게 된다. 사실상 시적 행위와 삶을 하나로 빈틈없이 통합한다는 것은 거의 불가능한 일이지만, 그래도 시인으로서 그 간극을 최대한 좁히려고 노력할 때 진정성이 태어난다고 할 수 있다.

정 숙 시인의 조금은 도발적이라 할 수 있는 '처용 아내' 의 설정은 김춘수 시인이 60년대 후반에 시작하여 20수년 만에

완결을 본 『처용단장』(1991)의 대칭적 항項에 해당하는 것으로, 그녀의 트레이드마크 같은 것이 되었다고 해도 과언이 아니다. 지난해에 그녀의 첫 시집 『신처용가』를 시극으로 극화하여 대구에서 무대에 올렸다는 소식도 전해 들은 바 있다.

정 숙 시인은 겉으로 보기에 매우 활달하고 명랑한 성격의 소유자 같은 인상을 주지만, 실은 잔존하는 가부장적 제도의 전형적인 피해자로서 오랜 세월 징하디 징한 삶을 살아온 지극히 순종적인 여성에 속한다고 할 수 있다. 그녀 자신이 진술한 다음과 같은 속내 이야기는 그녀가 얼마나 엄한 가부장적 그늘 밑에서 기를 펴지 못한 채 살아왔는가를 잘 말해준다.

"당뇨 지병을 가지신 어머님을 온 가족이 유리그릇처럼 떠받들었습니다. 밸 빼놓은 그 웃음 탓인지 미운 오리 새끼는 쇠막대기로 되어 부러질 줄 모른다며 따돌리는 형제간의 시샘 눈빛도 웃음으로 얼버무렸습니다. 말재주 없는 탓이겠지만 무슨 말 한 마디 하면 발톱 세운 황조롱이라도 발견한 듯 다른 오리들이 꽥꽥거리기 때문에 반벙어리가 될 수밖에 없었습니다. 그 와중에서도 딸 하나 아들 둘 키워 짝을 찾아주고 어른 세 분 임종까지 지켰습니다. 시누이 시동생 오남매 혼사까지 합쳐 결혼 삼십 년 동안 거의 삼 년마다 큰일을 치렀습니다."(「날개가 날아오르는 길을 모르니」)

이런 '징하디 징한' 삶의 체험을 액면 그대로 버무려 고스란히 묘사하고 있는 시가 바로 「바람귀신을 위한 산조」라 할 수 있다.

— 하기사 죄가 많기는 많지에 벙어리도 아니면서 벙어리 삼 년 귀머거리도 아니면서 다시 귀머거리 석삼 년 조상을 속인 죄 이년 죽어 마땅합니더 천만 죄송, 죄송할 뿐입니더

조상 제사 밥그릇 사시사철 모시느라 삼십 년 청춘을 쏟아 부은 저 여자, 뭔 죄 그리 많기에 바람귀신들에게 조리돌림당하고 있나

누리끼리 헤풀어진 삼베 상주 옷 쥐어뜯긴 머리채 흩날리며 허둥허둥 빨랫줄에서 온몸 난타당하고 있나

산 조상들 입술까지 같이 봉제사 극진히 모시느라 저리 헛손질인가

—「바람귀신을 위한 산조」 전문

"벙어리도 아니면서 벙어리 삼 년 귀머거리도 아니면서 다시 귀머거리 석삼 년"을 살 수밖에 없었던 '죄인'이 여성적 한恨의 대리인, 한바탕 징채를 휘둘러 상처 입은 영혼들을 위무해 주는 징채잡이로서의 시인이 된 것은 그야말로 그녀에게 있어서는 생의 돌파구를 찾은 셈이 된 것이다. "허둥허둥 빨랫줄에서 온몸 난타당하고" "바람귀신들에게 조리돌림당"한 이루 말할 수 없는 삶의 시련을 먹이로 해서 '고통의 연금술'의 꽃을 피워낸 것이다.

이번 시집 『바람다비제祭』는 첫 시집 『신처용가』(1996)에서 출발하여 『위기의 꽃』(2002)과 『불의 눈빛』(2003)을 거치는 동안 깊어지고 단단해진 시적 성취의 뚜렷한 진전을 보여

준다는 점에서 각별히 주목된다고 하겠다. 우선 『바람다비제祭』에서 눈에 띄는 것은 압축된 긴장미를 최대한 살리려는 격언시 또는 금언시의 형식을 취하고 있는 시편들이 시집 전체의 절반 정도를 차지하고 있다는 사실이다. 이것은 언뜻 보기에는 그다지 중요한 요소가 아닌 것처럼 지나칠 수도 있으나, "긴장미를 위해 가지치기로 진정한 엑기스 한 줄로 남도록 다듬고 또 다듬어야 합니다"고 말한 시인 자신의 최근의 시적 전략과 긴밀히 관련된다 하겠다. "슬픔과 아픔을 가장 냉정하게 객관적인 시각과 비의"로 묘사하려 몸부림친 결과, 튼실한 결정체로서의 시편들을 낳게 된 것이라 할 수 있다.

『바람다비제祭』의 두드러진 특징은 복합적인 낱말 조합의 새로운 합성어들이 빈번히 등장한다는 점이다. 이는 시인의 중요한 사명 중의 하나인 '언어창조' 의 기능을 풍부하게 보여 준 성과로 평가할 만하다. 얼른 눈에 띄는 '바람' 에 관련된 것만 열거한다 해도 20여 개 가까이 된다. '바람닻줄' , '바람 다비' , '바람수염' , '바람등뼈' , '세상바람' , '혓바람' , '청양고추바람' , '바람 호랑이떼' , '바람언덕' , '바람명줄' , '바람새' , '바람귀신' , '바람손아귀' , '바람구멍' , '바람젖가슴' , '바람모래성' , '바람군단' , '거품바람' 등을 찾아볼 수 있다.

빼어난 초현실주의 시인 폴 엘뤼아르의 시집 『고통의 수도』에도 '바람의 나뭇가지' 라든가 '바람의 열매' 같은 표현이 보이는데, '—처럼' 이라는 직유적인 비유 방법을 사용하지 않으면서 새로운 현실의 이미지를 창조한 좋은 본보기가 된다 하겠다. '바람의 나뭇가지' 라는 표현에서 보듯이, '—의'

라는 전치사를 사용하여, 눈에 보이는 나무와 보이지 않는 바람을 자연스럽게 결합시킴으로써 응축되고 풍부한 의미를 산출해 내는 것이다. 뿌리 때문에 붙박혀 있는 나무가 바람처럼 자유롭게 떠돌 수 있고, 뿌리를 내릴 곳이 없어 떠도는 바람이 나무의 모습으로 전환될 수 있는 절묘한 이미지가 만들어지는 것이다.

물론 정 숙 시인의 대부분의 합성어들은 두 가지 상이한 현실을 결합한 초현실주의적 이미지와는 다른 것이다. 상이한 두 개의 낱말을 병치시킴으로써 직유적인 응축의 효과를 노리는 방법을 주로 사용했다고 할 수 있다. 그렇더라도 '바람 호랑이 떼' (「난타, 북풍」) 같은 표현에서 보듯이, 호랑이처럼 무섭게 휘몰아쳐오는 바람의 형상을 역동감 있게 표출하는 효과를 충분히 거둔 것으로 볼 수 있다.

이러한 언어구사 수법은 이번 시집의 표현방법을 구체적으로 특징 짓는 매우 중요한 측면으로서, "슬프다 아프다를 겉으로 울며 징징대는" 너절한 감상적 넋두리 또는 신세타령이 끼어들지 않도록 하려는 정 숙 시인의 언어경제의 전략을 반영하는 것이다. 그만큼 그녀의 시가 이전에 비해 군더더기를 제거해버린 날렵한 긴장감을 지니게 되었고 사유의 깊이를 얻게 되었다고 말할 수 있다. 물론 격언시格言詩풍으로 짧게 쓴다고 해서 긴장도가 높아지고 시적 성취가 자동적으로 이뤄지는 것은 아니다.

부부 사이의 엇갈린 부조화를 묘사하고 있는 다음의 두 예를 비교해 보면, 시적 변모의 뚜렷한 추이를 확인할 수 있다.

① 참말로 죄송하데예.
친구들캉 갈비를 뜯다보이
사방이 다 여편네들 시상이라예.
찬 점심 잡숫고 기실 서방님을 생각했심더.
싸납게 갈비가 고마 목구멍에 걸리가
안넘어갈라 카데예.
참말이라예. 근데예
서방님은예,
방석집에 핀 꽃들에겐 인심이 좋다데예?
애 자시고 번 돈 마구 뗀지준다카이 참말이라예?
얄궂어라!

—「얄궂어라」 전문

② 청둥오리 숯불구이 집에서 석쇠는 숯불 위에서 고기는 석쇠 위에서 서로 몸 바꾸면서 불길 따라 거품바람을 내쉰다

그 거친 입김과 숨결, 닥트의 연기통은 그 바람 폭풍을 다 받아 마신다 지글지글 익는 냄새에 취할 여가도 없이 두 발 동동 구르며

그래도 서로의 눈망울 속엔 고추잠자리가 가을바람의 살결 매만지면서 날고 있다 참숯에 달구어진 불콰한 가을 하늘 거울 속으로

—「몸 바뀐 사람들 - 어느 부부 · 1」 전문

위에 인용한 ①은 『신처용가』에 수록되어 있는 시이고 ②는 『바람다비제祭』에 수록되어 있는 시이다. 두 작품 다 부부를 주제로 해서 각자의 욕망을 추구하는 남녀간의 부조화의

세계를 희화적戱畵的이면서 유머러스한 어조로 그리고 있다는 점에서는 거의 비슷하다. 그러나 조금 면밀히 살펴보면, ①은 '서방님' 이라는 개인적 대상을 향해 야유를 퍼붓는 일종의 투정이랄까 한풀이랄까 하는 시적 타령조에 머물러 있는 것에 비해, ②는 "석쇠는 숯불 위에서 고기는 석쇠 위에서 서로 몸 바꾸면서 불길 따라 거품바람을 내" 쉬는 청둥오리와 석쇠라는 객관상관물을 통해 어긋난 부부의 부조화의 모습을 암시적으로 그리고 있음을 알 수 있다. 이것은 정 숙 시인의 초기 시가 보여 주었던 다분히 직설적인 심정 토로, 다시 말해서 '자아의 진열장étalage du moi' 같은 세계로부터 빠져나와 삶의 실체를 객관적 시선으로 포착하여 드러내기 시작했다는 증거일 것이다.

빈약하지만 질기게 살아온 자신의 쓸쓸한 초상을 갈대로 표상하여 노래하고 있는 「갈대 소네트」나 「갈대를 위하여」 역시 일체의 감상적 췌언을 생략해 버린 담백한 여백미가 돋보이는 시편들이다.

> 껍질뿐인 한 생애였다며 해-껏 지치고 젖은 내 마음의 흰 뼈, 늦가을 까치놀에 말리고 있구나
>
> —「갈대 소네트」 전문

> 질기고도 약한 숨줄 고르느라
> 지친 날개의 뼛조각들
> 얼마나 더 잘 말려야
> 비워 버린 그 몸속 길이

바람이 된 영가의 흐느낌이
숨결 깊은 피리 소리로 거듭
태어날 수 있을까

—「갈대를 위하여」 전문

위에 인용한 1행시「갈대 소네트」에 나오는 '해-껏' 이라는 말은 아마 경상도 지방에서 쓰는 방언의 하나인 것 같은데, 정지용의「향수」에 나오는 '해설피' 라는 말을 떠올리게 하는 바가 있다. '해설피' 가 그렇듯이 '해-껏' 도 땅거미질 무렵의 쓸쓸하면서도 눈부신 시간성과 영상을 동시에 연상케 하는 독특한 울림이 전해진다. 만약 정 숙 시인이 주석을 붙인 것처럼 '해-껏' 이란 말 대신에 "해가 질 때까지"라고 무미건조하게 썼다면, 이 작품의 분위기와 맛은 훨씬 줄어들고 말았을 것이다. 여기서 우리는 정 시인이 말의 빛깔과 향기에 매우 섬세한 감각의 소유자임을 엿볼 수 있다.

갈대가 "지친 날개의 뼛조각들"을 잘 말려 한 개의 "숨결 깊은 피리 소리로 거듭/ 태어날 수 있을" 것이라는 간절한 믿음을 노래하고 있는「갈대를 위하여」 또한 기껏 7행밖에 안 되는 시임에도, 그것이 함축하고 있는 의미의 두께는 만만치 않다. 이 작품 역시 신경림 시인의 데뷔작「갈대」와 마찬가지로 시인 자신의 내면적 고독과 기다림, 그 애절한 영가를 감동적으로 전해준다는 점에서 일맥상통하는 바가 있다 할 것이다.

우리는 정 숙 시인이 불자佛子인지 어쩐지, 혹은 불교에 깊이 심취해 있는 사람인지 어쩐지 하는 것을 알지 못한다. 그러나 이번 시집의 제목이 『바람다비제祭』로 되어 있는데다가, 「연꽃길 찾아서」를 비롯하여 「저 눈발은 왜 강물로 뛰어드는가」, 「바람제祭」, 「바람다비」, 「중심을 비우면」, 「자비보시」 등 여러 편의 시가 직접적으로 불교적 소재를 다루고 있거나 불교적 상상력을 짙게 드러내고 있는 점에 비추어, 아마 그녀가 적어도 공空사상이나 화엄사상에 깊이 경사되어 있는 것이 아닌가 추측하게 된다.

물론 상구보리上求菩提, 하화중생下化衆生 같은 핵심적인 불교적 교리가 직접 나오는 「연꽃길 찾아서」 같은 시는 메시지가 노골적으로 작품 속에 끼어 있기 때문에, 오히려 시적으로는 관념성에 빠져 감동의 폭이 좁아질 수밖에 없다. 이에 비해, 그의 세 번째 시집 『불의 눈빛』에 수록돼 있는 「연꽃」 같은 시는 대자연의 오묘한 현상을 찰나의 통찰력으로 포착하여 보여 주기 때문에 훨씬 더 큰 감동을 불러일으킨다고 할 수 있다.

바람에 쉴 새 없이 몸 흔들리면서
시린 발 견디며 진흙을 밟고 서서
곧 사라질
목숨,
이슬방울을
잠시라도 햇살에 한 번 더 빛나도록
손바닥에 소중히 떠받들고 있다

―「연꽃 - 연蓮」 전문

"곧 사라질/ 목숨,/ 이슬방울을/ 잠시라도 햇살에 한 번 더 빛나도록/ 손바닥에 소중히 떠받들고 있"는 진흙 속의 연蓮의 모습은 순수하고 아름다운 이타행利他行을 실천하고 있는 보살의 헌신적인 모습 그대로라고 할 수 있다. 정 시인이 「시인은, 시인은」이란 시에서 표명한 "가슴에 비바람 내리치는 날이어도, 스스로의 가냘픈 그 더듬이에라도 앉아 전을 펴// 여린 생명의 흐느끼는 소리에 귀 기울여야 하지 않겠는가"라는 말은 자신의 시인관을 계시적으로 드러낸 것으로서, "여린 생명의 흐느끼는 소리에 귀"를 기울이는 것, 그것이 진정한 보살정신이고 '우주적 연민cosmic pity'의 마음이며 시인의 마음임을 깨우쳐 준다.

정 숙 시인의 시의 밑바탕에는 이러한 '우주적 연민'의 마음이 깔려 있다. 그러기에 그는 아무리 사소하고 보잘것없고 하찮은 사물들일지라도 거기에 귀중한 의미와 가치를 부여한다. 특히 모든 생명의 근원적 에너지이며 원천인 대지모신으로서의 여성의 포용적 상징성을 대단히 중시한다.

그녀가 새로운 시각으로 집요하게 형상화한 '처용 아내'는 여성의 내면적인 욕망을 억압하고 괴롭히는 일체의 것, 즉 관습적 사회제도와 부조리한 도덕적 규범 그리고 남성중심주의의 폭력에 대해 야유와 풍자로써 항거하는 반란의 상징이며 동시에 포용의 상징이라 할 수 있다. 이번 시집 『바람다비제祭』에는 자연 생물들뿐 아니라 무생물들, 심지어 인간의 편리를 위해서 만들어진 물건들까지도 여성으로 의인화擬人化, personnification한 한 발 더 나아간 여성 이미지가 자주 등장한다.

① 21세기 바람닻줄에 멱살 잡힌 저 여자

—「에스컬레이터를 노래함」 부분

② 올곧은 꿈의 꽃줄기만 담기 고집하고 있어 온 전신이 투명해 보일 수밖에 없는

—「유리꽃병」 부분

③ 깊디깊은 제 몸웅덩이 뒤적이며 시간의 연분홍 속살 씹느라 바람세월 다 날려보내는

모래알 저 여자

—「모래시계」 부분

④ 바람의 오르가슴을 향해
온몸 허리 엉덩이 돌리고, 달려가고 있다

—「선풍기랩소디」 부분

⑤ 질긴 목숨의 어물전에서 살아 퍼덕거려도, 썩어 있어도 비린내는 마찬가지

그 바람 속 육신바라밀 곧 허물어질지라도 밤새 물거품만 난바다에서 철썩이고 있다

생의 사구에 모래 한 알이 된 저 여자

—「바람의 풀무질에」 전문

⑥ 살기 위해서라며 젖은 옷가지들 모두 벗어 바지랑대에 넌다

바람에 뼈마디 꺾는 소리 우둑 우두둑 맨몸을 건네며

저기 구부정히 서 있는
늦가을 돌단풍나무

—「누드모델을 위해」 전문

위의 인용들에서 보듯이, 시인은 에스컬레이터를 "21세기 바람닻줄에 멱살 잡힌" 여자로, 유리꽃병을 "올곧은 꿈의 꽃줄기만 담기 고집하고 있"는 여자로, 모래시계를 "시간의 연분홍 속살 씹느라 바람세월 다 날려보내는/ 모래알" 여자로, 선풍기를 "바람의 오르가슴을 향해/ 온몸 허리 엉덩이 돌리"는 여자로, 어물전의 생선을 "육신바라밀 곧 허물어질지라도 밤새 물거품만 난바다에서 철썩이"는 여자로, 늦가을 돌단풍나무를 "살기 위해서라며 젖은 옷가지들 모두 벗어 바지랑대에" 너는 누드모델로, 때로는 아주 에로틱하게, 때로는 아주 유머러스하게 노래한다.

이러한 사물들의 여성적 의인화는 그 자체로서 구체적이고 감각적인 형상화를 위한 시적 수법으로 사용된 것이지만, 여기서 간과해서 안 되는 것은 정 숙 시인이 대부분의 사물을 여성으로 인식하고 있는 사물인식의 따뜻한 모성적 관점이다. 그녀가 여성의 삶을 훼손시키고 파괴하는 온갖 기존의 불평등과 모순을 향해 날카로운 야유와 비판, 그리고 풍자를 거침없이 쏟아내면서도 종국에는 부드럽게 감싸 안는 수용적 자세를 취하는 것은 무엇보다 "여린 생명의 흐느끼는 소리"를 외면하지 못하는 애틋한 여성적 연민 때문이라 할 수 있다.

이러한 수동적 연민의 태도가 보다 명쾌하고 확고한 세계관에 기초한 시적 지평을 향해 전진하지 못하게 만드는 원인이 되기도 한다. 어쩌면 그녀로서는 어쩔 수 없는 태생학적인 기질 때문인지도 모른다. 그러나 싱싱하고 도발적인 시적 발언을 멈추고, 체념적 순응주의에 안이하게 투항해 버린다면, 정 숙 시인의 시정신도 생기를 잃어버리게 되고 말 것이다.

우리는 그녀가 쉽사리 종교적 정적주의靜寂主義, quietisme의 세계로 도피하는 것도, 또 타협적인 관례 추종의 일상세계로 편입되는 것도 바라지 않는다. 이번 시집『바람다비제祭』가 도달한 자리를 새로운 도약대로 삼아, 더욱 날렵하고 힘차게 삶과 현실과 역사의 실체를, 그리고 경이로운 우주적 생명운동의 비밀을 캐어내 주기를 주문하고자 한다. 비록 "겨울밤 창문에 제 숟가락과 송곳니를 부딪치고 있는 저 바람 호랑이 떼들 새로 뿔이 돋아" '어금니성벽' (「난타, 북풍」)을 무너뜨리려 할지라도, 시의 징채로 징을 힘차게 두드리기를 바란다. 어차피 '처용 아내' 로서 뒤틀린 세상을 향해 한바탕 '시적 살풀이' 를 하기로 작정한 바에야 신명나게 끝까지 해야 하지 않겠는가.